La piscine

Texte de Stéphanie Ledu
Illustrations de Catherine Brus

MILAN

RCUTERiE

Quand il fait chaud en été, on aime **se baigner**.
Pour continuer à faire du sport, se détendre et jouer dans l'eau, on peut aussi aller à la piscine toute l'année...

Mmm... Dès l'entrée, on sent que l'air est tiède.
Ainsi, les **baigneurs** n'attrapent pas froid !

Après avoir payé, il faut passer par les **tourniquets**,
puis quitter ses chaussures pour ne pas salir le sol.

Tout le monde a ses affaires ? On se change dans les **cabines** des vestiaires. **Maillot**, **serviette**, **bouées**... Les **lunettes** sont conseillées à ceux qui ouvrent les yeux sous l'eau.

Si on ne met pas de **bonnet**, les cheveux que l'on perd flottent dans la piscine. Beurk ! Ce n'est pas très agréable pour les autres baigneurs, et ça pollue l'eau.

Avant la baignade, il faut prendre une **douche** en se savonnant.

Aller faire pipi si on en a envie...

Puis passer par le **pédiluve**, un tout petit bassin pour les pieds, qui contient un **désinfectant**.

Au sous-sol, l'eau est nettoyée en permanence.
Elle passe dans de gros tuyaux, dans d'immenses filtres...
Le technicien y ajoute un produit qui sent un peu fort,
mais qui tue les microbes.

Tous les soirs, un **robot** frotte
aussi le fond des bassins.

Et maintenant... **plouf** ! Les **maîtres nageurs sauveteurs** surveillent que tout va bien.

Les bébés barbotent dans la **pataugeoire**.

Dans le **petit bassin**, les enfants ont pied.
Se laisser porter par le courant de la rivière, c'est rigolo !

Le **grand bassin** est réservé aux nageurs.

Regarde : cette **piscine olympique** est encore plus vaste.
Son bassin contient 3 millions de litres d'eau… soit l'équivalent de 15 000 baignoires ! Des clubs s'y entraînent : **natation**, **natation synchronisée**, **monopalme**, **water-polo**… Il existe plein de sports aquatiques.

1
2
3
4
5
6

Avant de devenir un champion,
il faut apprendre à nager.
Tous les enfants vont
à la piscine avec leur école.

Le **maître nageur** dirige
les leçons. Mais d'abord,
il rappelle qu'ici, il est interdit
de crier, de pousser ses copains
et de courir.

Le sol est glissant,
on peut se faire très mal
en tombant !

Pour se sentir bien dans l'eau, les enfants de maternelle font des petits **jeux**.

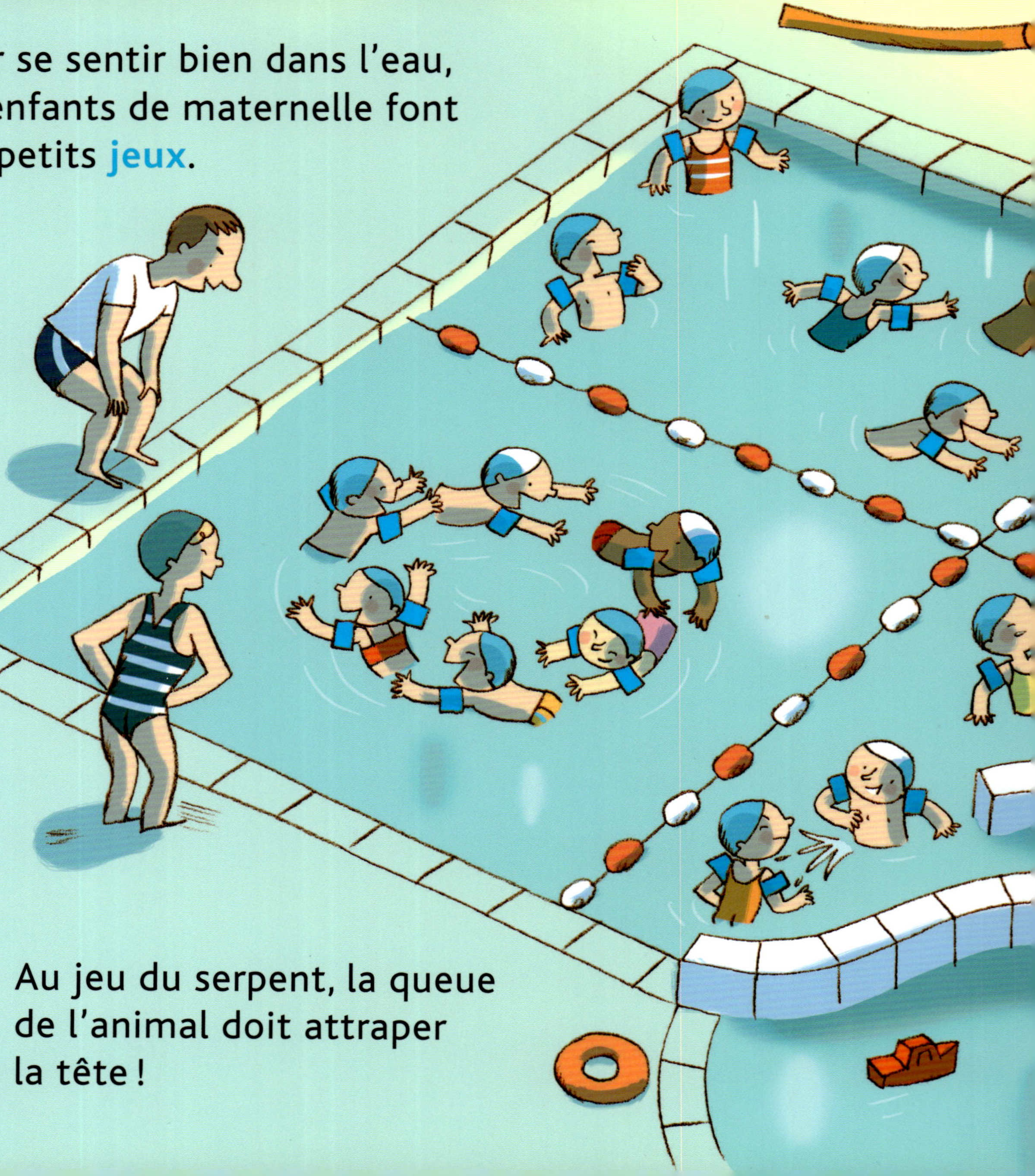

Au jeu du serpent, la queue de l'animal doit attraper la tête !

Le requin essaie de capturer les poissons...

Qui veut glisser sur le toboggan ?

Les plus grands **s'amusent** à entrer dans la piscine en sautant, à traverser le bassin avec une frite en mousse, à faire une étoile en flottant sur le dos, ou à dire coucou à leurs copains sous l'eau.

Et si on a un peu peur ? Ce n'est pas grave !
Au début, on a le droit de juste regarder.
Puis, quand on se sent prêt à rejoindre
les autres, on entre dans la piscine
tout doucement...

Très vite, on est rassuré : l'eau
est chaude et on se sent tout léger.
C'est agréable... un peu comme
lorsqu'avant de naître, on flottait
dans le ventre de sa maman.

N'est-ce pas,
les **bébés nageurs** ?

À la fin de la séance,
on se douche à nouveau,
on se sèche, on se rhabille... Détendu
et en **pleine forme**, on a souvent... une faim de loup !

Dans un grand centre aquatique ou une petite piscine privée : quand on a goûté au **plaisir** d'être dans l'eau, on aime se baigner le plus souvent possible.

Nager dans la mer, avec des **palmes** et un **tuba**, c'est aussi très amusant.
Bonjour, petits poissons !

Découvre tous les titres de la collection Mes P'tits DOCS

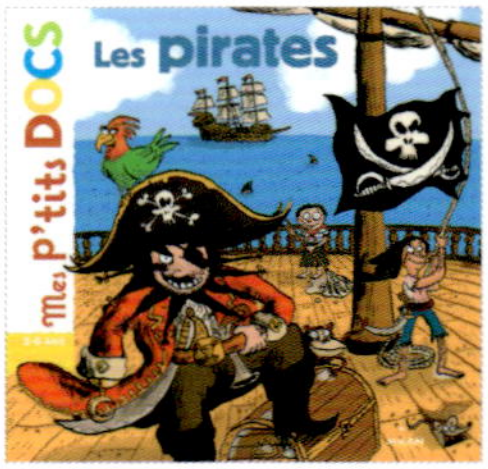

Au bureau
Le bébé
Le bricolage
Les camions
Les dents
Les dinosaures
L'école maternelle

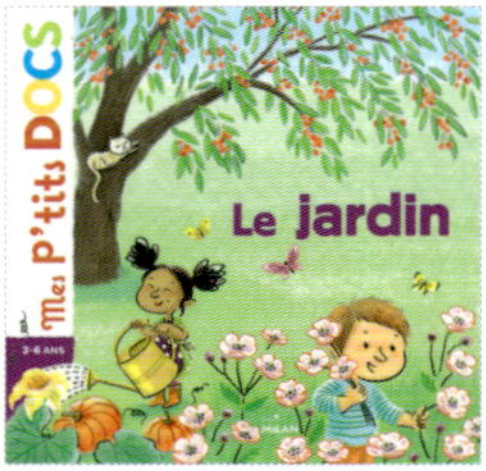

L'espace
La ferme
La fête foraine
Le football
Le handicap
L'hôpital